AF201349

Andrzej Slomianowski

Zeilen für Cherika

Gedichte 2011-2018

Bibliografische Information
der Deutschen Nationalbibliothek:

Die Deutsche Nationalbibliothek verzeichnet
diese Publikation in der Deutschen National-
bibliografie; detaillierte bibliografische Da-
ten sind im Internet über http://dnb.dnb.de
abrufbar.

Herstellung und Verlag: BoD – Books on De-
mand, Norderstedt

ISBN: 978-3-7481-02915

Sprache
abgehetzt
mit dem müden Mund
auf dem endlosen Weg
zum Hause des Nachbarn

Johannes Bobrowski, *aus dem Gedicht* Sprache - 1963

ZWEI BRUNNEN

Ihre Augen:
Zwei leuchtend
zwinkernde
Brunnen
wie Zwillingssterne
in der
Nacht.
Gleichzeitig
fällt er in die beiden
hinein.

Und so,
im freien Fall
sich überschlagend,
gleitet er
und gleitet
weiter
hinein
in das singende
Licht.

GUTEN ABEND

Guten Abend! Guten Abend!
Guten Abend!

Was kann man
zu zweit an diesem
besonderen,
einmaligen und
einzigartigen Abend
tun?
Sicher wird man
einiges tun
wie zum Beispiel
musizieren,
essen gehen,
Karten spielen,
Freunde besuchen,
Witze erzählen,
Händchen halten,
unter Laternen
durch den Park
schlendern,
sich sogar
ein bisschen

langweilen
(warum nicht?)
und vieles mehr.
So wollen wir
hoffen...

Es werden noch
unzählige Stunden
vergehen, bevor
die Nacht kommt.

EINE FRAGE DER DIMENSIONEN

/Ein mathematisches Liebesgedicht/

„Dichterlich wohnet der Mensch,"
sagt Hölderlin.
In mehr Dimensionen
als den vieren, die seinen
Raum-zeitlichen Käfig bestimmen.

Dichterlich wohnt der Dichter
mit seiner Muse, die selbst
vom zehn-dimensionalen
Hilberts Raum nie
umfasst würde.
Der Dichter hat sie geträumt
und sie ist wahr geworden.

AUS DES DICHTERS TAGEBUCH

Unterwegs zu zweit mit
dem Hund am letzten
Oktobertag. Das Auto ist
ultramarin und der Hund
schokoladenbraun.
Das Laub leuchtet
kunterbunt.

„Diesig", sagt sie, er
kennt das Wort nicht und
sie erklärt, spielt mit
den Synonymen, ihre ruhige
Hand an der Gangschaltung.
Deutsch ist nicht
seine Muttersprache.

Farben überall.
Sie bewegen sich inmitten
eines Malers Palette,
sind vom Rot
der Kirschbäume gefesselt,
dem schillernden Blutrot
des späten Oktobers.

DAS GESCHENK

Sie und er -
sie bekamen
ein Geschenk,
eine junge Pflanze
zu pflegen.
Sie wissen
noch nicht,
wie man solch
einen Winzling pflegt.
Zuerst jedoch
müssen sie
einen Platz
für ihn finden.

CHEZ ELLE

Vornehmer als im guten
französischen Restaurant
ist es da,
Chez Elle,
in ihrem Esszimmer,
als sie zu zweit
Abendbrot essen,
das sie vorbereitet
und serviert hat.

Comme il faut
ist alles da:
Das Essen,
die Getränke,
die Kerzen,
das Wellensittichpaar
im Hintergrund
und das ungezwungene
Gespräch.

Er fühlt sich da
wie zu Gast bei
Muse Erato, die,

wie eine Zauberin
auf einer Insel,
alleine lebt
in einer Enklave
von Ruhe
und feinem Geschmack.

LULLABY FOR E. L.

E. L., dear E. L., sleep well!
Let the sleeplessness go
and let it melt away
like the yesterday's snow.

E. L., dear E. L., sleep well,
with good dreams in your head,
bad dreams shall disappear and
bright visions shall come instead.

E. L., dear E. L., sleep well
of darkness unafraid,
for the light is coming soon
to wake you up in your bed.

E. L., dear E. L., sleep well
through all the nights still to come,
the new dreams will be refreshing
and the sleeplessness will be gone.

December 2011

A QUATRE MAINS

Im Salon
bin ich Zuhörer,
passiver Konsument
der Früchte Deines
musikalischen Talents.
In der Küche dagegen
sind wir beide dabei
und spielen harmonisch
à quatre mains
dieses und jenes.

Was für ein Zauberspiel
ist es, wenn ich
die Brühe klangvoll rühre
und Du den Schnittlauch
rhythmisch hackst,
während es in der blauen Pfanne
Deiner Großmutter
blubbert und zischt.

Oder wenn Du
für das Gratin den Käse
auf dem Reibeisen

forte reibst und ich
den roten Burgunder
piano dekantiere,
dann spielen wir plötzlich
à quatre mains,
irgendwo in Dixie,
in Louisiana –
mit Louis
und *All His Stars.*

Oder, Chérie, wenn
wir den Nachmittagstee
zu zweit vorbereiten und
dann ruhig genießen,
dann sind wir wiederum
das klassische Duett,
(ein wenig englisch,
ein bisschen französisch),
klassisch und leicht zugleich,
wie in dem alten Schlager
Tea for Two.

Aber auch abends...
Abends am Kamin
ruhen unsere Hände
ineinander.
Hinter dem Messing
und der prachtvollen Keramik

musiziert der Ur-Künstler Feuer
mit dem Ur-Instrument Holz,
während auf dem Sideboard
der Glühwein aufleuchtet.
Wir schweigen.
Schweigend spielen wir
die Stille *à quatre mains*.

Februar 2012

EIN WORT-BILD FÜR SIE

Der Wort-Maler malt.

Im Herbst scheint seine
Palette ruhiger zu wirken,
aber eine monotone Ruhe
will er nicht.
Was stellen seine Worte dar?
Das dunkel-staubige Grün
des Waldes im Hintergrund,
das kahle Feld in der Mitte und
ganz vorn der abschüssige
Wegesrand, wo, dicht aneinander,
zwei Vogelbeerbäume stehen,
ihre unzähligen Beeren
feuerwehrrot.

Der Wort-Maler malt weiter,
wie immer, für sie:
Ihr unermüdlicher „Picasso".

September 2012

NESTOR GEHT

I

Am vorletzten Freitag im November,
als wir uns treffen, sagt E.L.:

„Was hab' ich da heute geträumt,
ich muss dir erzählen! So ein Traum!
Wir fahren also zu dritt raus,
wir beide und Nestor, wie immer
in die Feldmark, aber eigentlich
ist alles irgendwie ganz anders
und überhaupt nicht so wie immer...
Ein komisches Gefühl!
Es ist Abend und die Landschaft
ist mir unbekannt: Flache Wiesen,
kaum Häuser, komische Bäume,
alles irgendwie öde, rauh
und fremd.
Und dann plötzlich fahren wir nicht mehr,
sondern gehen, Nestor vorne und wir
beide hinterher, aber es gibt keinen
Weg oder Pfad da, einfach nur diese
flache endlose Ebene, die sich bis an

den Horizont erstreckt. Und dazu noch
das Licht, sag ich dir! Es kommt mir so
wie Mondschein vor, ein kühles hartes
Licht, etwa wie bei diesen neuen LED
Birnen, und es kommt von hinten...
Unsere zwei Schatten tanzen da unten
vor uns und der Hund läuft vorne und wir
folgen ihm, aber allmählich - was er oft tut -
legt er zu... Wir versuchen schneller
zu gehen, aber plötzlich – Stopp! Ich
fühle, dass ich mich nicht mehr bewegen
kann... Du auch! Wir stehen da beide
wie paralysiert und können auch
den Mund nicht mehr öffnen.
Wir sind beide wie gelähmt und stumm.
Und Nestor läuft da vorne in dieser
öden, flachen Landschaft und wir
zwei gelähmten Stummen, können
gar nichts tun... Plötzlich dreht Nestor um
und kommt zurück. Er hält vor mir
und schaut mich mit seinen braunen
Augen so rührend und irgendwie auch
flehentlich an, dass ich schreien
und weinen will und ihn streicheln,
aber ich bin völlig starr! Stell dir vor:
Total immobilisiert! Dann dreht Nestor um
und läuft weg, aber nach einer Weile
dreht er nochmals um und nochmals

kommt er zu mir und schaut mich wieder
beschwörend an... Und mir ist zum Heulen,
weil ich absolut hilflos bin... Dann läuft
Nestor von uns weg, läuft und läuft
und wird immer kleiner und ich, mit allen
meinen Kräften, versuche zu schreien,
versuche mich zu bewegen und dann
plötzlich bin ich wach... Und Nestor
sitzt da neben meinem Bett und blickt
zu mir und ich weiß, dass er Gassi gehen
muss... Ich war so erleichtert, sag' ich dir."

II

Der Anruf kommt um 1:30 Uhr in der Nacht.
E.Ls Stimme ist konzentriert als sie sagt:
„Kannst du rüberkommen? Nestor geht es
sehr schlecht." Ich sage: „Ich bin gleich da,"
und weil wir Nachbarn sind, bin ich
in 10 Minuten in ihrer Wohnung. Es ist
Samstag, der 1. Dezember. Ich sehe sofort,
dass mit dem sonst ruhigen, alten Hund
etwas Außergewöhnliches passiert:
Hechelnd pendelt er aufgeregt zwischen
Herrenzimmer und Wohnungstür und
scheint uns beiden und die Umgebung
gar nicht wahrzunehmen. „E.L., er hat

Angst, er ist in Panik, was will er?" sage ich.
„Ich glaube, er will raus, aber in den
letzten zwei Stunden waren wir schon
drei Mal draußen... Ich verstehe das nicht.
Gehst du noch mal?" fragt E.L., erschöpft
und verunsichert.
„Ich gehe sofort," sage ich und hole
die Leine und das Halsband. Nestor steht
schon an der Eingangstür und hechelt
ununterbrochen.
Wegen Inkontinenz trägt er Windeln und er
hat jetzt eine an. Wir gehen. Nestor läuft
die Treppe hinunter und ich folge direkt
hinter ihm. Ich sehe, dass er große Eile hat.
Im Hinterhof nehme ich ihm die Windel ab
und er hebt sein Bein an der Hecke, an
der Stelle, wo er es immer tut. Ich spüre
nichts Außergewöhnliches. Ich entsorge
die Windel in E.Ls Restmülltonne, während
Nestor in seinem normalen Tempo zum
Schlupftor läuft. Ich bin beruhigt. Scheint
alles in Ordnung zu sein, denke ich.
Wir überqueren den Lindenweg,
noch ein paar Schritte und wir betreten
den Stadtpark, Nestors Revier.
Der Hund hat Eile: Er will sein Häufchen
setzen, nicht ganz drei Meter

von dem Bürgersteig im Lindenweg enfernt.
Er geht in die Stellung und ich warte.
Auf der Wiese liegt Reif, es herrscht leichter
Frost. Wie ich sehe, gibt es Schwierigkeiten:
Nestor bleibt gebeugt, aber nichts kommt.
Nach einer Weile eine gelbe Flüssigkeit,
dann etwas Dunkles, Härteres.
So, deshalb die Eile, denke ich. Er musste
wirklich, egal wie viele Male er schon
draußen gewesen war. Also der Hund hat
Durchfall, wie oft in den letzten Wochen.
Auch frisst er seit mehreren Monaten wenig
und zögerlich, wenn überhaupt. Er ist
dreizehneinhalb Jahre alt, was für einen
Labrador sehr viel ist. Schokoladenbraun,
ein schönes und weises Tier, er ist seinem
Namen gerecht geworden.
Auf dem Handy rufe ich E. L. an und
berichte, was passiert ist und sage, dass wir
gleich nach Hause zurückkommen werden.
E. L. sagt: „Ich komme euch entgegen,
in drei Minuten bin ich da."
Mittlerweile hat sich Nestor hingesetzt
und ich sehe, dass er keine Lust hat, sich
zu bewegen. Er sitzt sehr ruhig auf
dem reifgrauen Gras und schaut ostwärts,
in die Richtung, wo die Neiße fließt, als ob
er auf jemanden oder auf etwas wartete.

Oder als ob er etwas, sich Zeit nehmend,
gründlich überlegte. Ist ihm nicht kalt,
denke ich und sage: „Komm, Nestor,
gehen wir nach Hause zum Frauchen."
Er bewegt sich nicht, also komme ich
zu ihm und ihm über den Kopf streichelnd,
sage ich: „Komm, alter Freund, lass uns
gehen, sonst erkälten wir uns beide."
Ich helfe ihm auf alle Viere und mit der
Leine steure ich ihn sanft und drehe ihn um
In die Richtung Joliot-Curie-Straße. Ich halte
ihn kurz. Zögernd fängt er an zu gehen,
ist aber unsicher und geht wie
auf Stelzen, während er mit seinen
Augen etwas in der weiten Ferne fixiert.
E. L. erscheint als wir wenige Meter von
der Ecke Joliot-Curie-Straße entfernt sind
und ich sehe, dass sie unter ihrem Arm
eine gerollte Decke trägt. Die 36 Stufen
nach oben werden wir ihn wohl tragen
müssen und E. L. wusste es, denke ich.
E. L. verliert ihren Kopf nie und sie hat
Erfahrung mit extremen Umständen.
Ohne viel zu reden, tut sie das Notwendige.
Wir erreichen die Hauseingangstür
und E. L. breitet die schwarze Decke
auf den Fliesen im Treppenhaus aus.
„Nestor, mach Platz!" sagt sie und der Hund

gehorcht, weil ihm sicher klar ist, dass
er allein es nicht mehr schaffen würde.
Außerdem vertraut er E. L. blind.

III

Es ist 5:30 morgens. Ich liege sprungbereit
auf E. L.s Bett in ihrem Schlafzimmer.
Ich bin wach... Inzwischen liegt Nestor
geborgen in seinem großen Korb,
der seit längerer Zeit vor E. L.s edlem
Sekretär steht. Er atmet jetzt regelmäßig
und tief. Während der letzten Stunde
hat er sich kaum bewegt. Ich weiß nicht,
ob er sich erholt, oder ob er schon
im Sterben liegt.
Nachdem wir ihn in E. L.s Schlafzimmer
geschafft hatten, war er zunächst ruhig
und blieb am Boden liegen, auf der gleichen
Decke, in der wir ihn in die Wohnung
getragen hatten. E. L. saß neben ihm
auf dem roten Sofa, streichelte ihn
und sprach beruhigend zu ihm. Später
schaffte er es noch einmal, aufzustehen,
stand eine Weile unsicher da und ging
ganz langsam zu seinem Korb. Im Korb
hatte er sich mehrmals umgedreht und

dann in sein Kissen geschmiegt.

Das rote Sofa gehörte seit Herrchens Tod
Nestor und in den letzten drei Monaten
hielt er sich vorwiegend dort auf. Seinen
stattlichen Korb nutzte er seltener,
meistens nachts, zur Abwechslung.

Bis August hatte Nestor in dem riesigen
roten Flur gewohnt, wo auch das Sofa
und sein Korb standen.

Als es ihm zunehmend schlechter ging,
entschied E. L. - um näher bei ihm zu sein -
ihn ins geräumige Schlafzimmer
umzuquartieren. Wenn Nestor übermäßig
unruhig war, schlief sie im Herrenzimmer
und ließ die Tür angelehnt.

Auch jetzt, an diesem winterlichen
Morgen – ein Tag vor dem ersten Advent -
hat sie sich gegen 4:00 Uhr ins
Herrenzimmer zurückgezogen.

„Überlebt er, oder nicht?" – die Frage
kehrt in meinem Kopf immer wieder
zurück wie ein lästiger Refrain. Obwohl
in voller Kleidung liege ich unter zwei
dicken Decken und trotzdem ist mir
nicht warm. Schlafen kann ich nicht.

Ich bin ganz auf Nestor konzentriert.

Ich habe den Eindruck, dass sein Atem

- obwohl regelmäßig - allmählich flacher
wird. Vielleicht, aber täusche ich mich?
Vielleicht schläft Nestor seine körperliche
Erschöpfung aus? Gewöhnlich bewegt
er sich auch nachts, er trinkt Wasser, er
geht vom Sofa zum Korb und umgekehrt
und im Allgemeinen hört man, dass
ein Hund da ist. Jetzt aber höre ich nur
seinen leisen Atem. Wie viele Minuten
werden vergehen bis sein Atem
noch schwächer wird?
Zehn, fünfzehn, oder zwanzig...?
Ich weiß es nicht.
Ich bin erschöpft und ein wenig wie
in einem Traumzustand.
Und E. L.?
Ich entscheide, sie gleich zu holen...
Nestor atmet noch, seinen sanften Atem
kann ich noch hören.
Aber er geht...
Nestor geht.
Er geht leise und sanft.

Februar 2013

STUNDEN

Ein Jahr zählt
Etwa 8760 Stunden.
Zwei Jahre sind
dann 17520 Stunden.
So viele Stunden
kennen wir uns,
liebste Chérie.

Und jeden Tag
und jede Nacht kommen
neue Stunden dazu
bis, hoffentlich,
wir beide
Stundenmilionäre sind,
liebste Chérie.

Und vielleicht gibt es
noch viele Stunden mehr
als das, für uns beide?
Wer weiß, vielleicht vergehen
auch die Stunden
langsamer für uns,
liebste Chérie?

Manchmal sehe ich uns
als zwei Kinder,
denen die Zeit, wie
eine geduldige Mutter,
langsam die Stunden
in den Mund löffelt:
Vollmundige Honigstunden,
liebste Chérie.

Freitag, 26. Juli 2013

*Anlässlich des zweiten
Jahrestages der Bekanntschaft*

FERN UND NAH

Du bist fern,
ich weiß.
Ich sehe dich
trotzdem:
In der Küche
wie du kochst
oder Termine
im Kalender einträgst,
im Salon beim Tee
oder abends
beim Fernsehen,
oder am Computer
im Herrenzimmer.
Im Flur,
wo meine Verse
stumm auf mich
warten, sehe ich dich,
wie du dich
bewegst,
schweigend und
nachdenklich.

Aber du bist auch nah,

hier, wo ich bin.
Im Wald sehe ich
dich oft,
wie du dich
hinter Bäumen
vor mir versteckst...
Oder plötzlich,
in der Stadt,
verschwindest du
spurlos um die Ecke...
In Bussen,
auf dem Bürgersteig
vorbeigehend,
habe ich mehrmals
dein Gesicht
erblickt für
ein Sekundenzehntel.

Du bist fern
Und du bis nah —
gleichzeitig.
Ich liebe dich
und ich lebe für dich.

Künsbach, im Mai 2014

DER UNTERBROCHENE TRAUM

Wer hat des Dichters Traum
unterbrochen?
Der Dichter weiß es nicht.
Soll er Hölderlin fragen?
Oder de Nerval?

Er kann nur fragen,
antworten kann er nicht.
Plötzlich ist alles weg:
Die Stadt, die Menschen,
sein asketisches Zuhause,
seine Bücher
und seine Arbeit.

Nur sie ist geblieben,
in der Ferne,
aber ist geblieben.
Gott sei Dank,
dass sie geblieben ist!

Zwölf Wochen im Nebel…
Unheimlich aktiv
im Nebel,

der nichts außer
Phantomen verbarg.

Gibt es einen boshaften Chirurgen,
der mit dem Messer
an die Träume geht?
Einen bösen Demiurg-Chirurgen,
der die Träume der Dichter
kaputt macht?

Die Linde ist großzügig
und sie spendet ihm
reichlich Schatten
in diesem heißen
und fremden Sommer.

Unter der Linde
sitzt er gern,
und behutsam setzt er
seine Dichterarbeit
und seinen Traum fort.

Er schickt Nachrichten
in die Ferne,
schickt sein Herz zu ihr dort,
wo im Liebe-roten Raum
sein Traum noch lebt,
voller Hoffnung.

DIE ZAUBERIN

Die nimmermüde Verfechterin
der unsterblichen Tradition
der *Permanent Things* lebt
in ihrem Rot-Türkis-Gelb-Lila
Schloss in der Mitte
einer alten Stadt,
die in der Mitte
von Mitteleuropa liegt.

Bekannt als Cherika von Bromberg,
(auch als die Weise Schlesierin)
sie gibt den Pilgern,
die sie täglich besuchen,
reichlich von dem Zaubergetränk,
das ihre Seelen
für das Schöne und das Wahre
wieder öffnen lässt.

In jeder zweiten Vollmondnacht
sind in ihrem goldgelben Salon
die Unsterblichen zu Gast
und plötzlich erlebt man
die hl. Katharina von Alexandrien

philosophische Fragen mit Platon,
Dante, Pascal, Hegel
und Eliot diskutierend

oder wie
„Der alte Fontane" dem jungen
Keats Beifall klatscht als der begnadete
Dichter seine *Ode on a Grecian Urn* liest
und zu den Schlusszeilen kommt:
Beauty is truth, truth beauty, —that is all
Ye know on earth, and all ye need to know.

In anderen Nächten
ist Cherika oft am Ufer
von Alfios zu sehen,
woher das wunderwirkende Wasser
für ihre Zaubergetränke kommt.
Andere Zauberinnen sind auch schon da –
eine Gemeinschaft im Dienst
der *Permanent Things*.

Was ist, ist nicht,
wie es aussieht:
Cherikas Zauberei entschleiert
die Wunder, die der Realität
zugrunde liegen,
und das Sein und das Leben
als die größten Wunder und

das größte Mysterium bestätigt.

Oftmals besucht Cherika ihren
treuen Hund Nestor, der im Elysium,
im tierischen Paradies, sein
zeitloses Dasein verbringt,
auf Frauchens Besuche wartend.
Tiere und Musik liebt Cherika,
die selbst Liebe gibt, die Zauberin
und die Hüterin der *Permanent Things.*

2017

SIE

Sie ist nicht groß.
Sie ist schlank und
hat eine Bikini-Figur,
die sie gewöhnlich mit
feiner Kleidung umhüllt.
Sie hat eine Unikat-Frisur
und sie färbt ihre Haare nie.
Älter werden bedeutet Reife,
meint sie, die man sehen
lassen sollte. Und man muss
Mut haben, sich zu sich
selbst zu bekennen.

Ihre grau-grünen Augen
sind Eingangstore, die mich
in die Landschaften führen,
wo ich endlos wandere
und glücklich bin, vielleicht
wie Adam – damals?
Was ich dort finde, ohne
suchen zu müssen, sind
Geborgenheit und Liebe,
die mir das Leben geben

immer wieder aufs Neue,
immer wieder...

Es gab aber auch andere Augen,
Tore zu Landschaften, wo ich
dürftige Stunden, Tage, Monate
und Jahre verbrachte.
Es gibt vielerlei Arten von Wüsten,
sagte ein Weiser, es gibt die Wüste
der Verlassenheit, der Einsamkeit,
der zerstörten Liebe – und ich habe
sie alle erlebt. Wollte nicht...
Zeiten der Dürre des Herzens und
der Lähmung der Seele
kenne ich gut, ein alter Schmerz.

Nein, sie ist nicht groß, meine Chérie,
hat aber ein großes Herz und
darin gibt es Platz für alle.
Leben in einer Oase für mich,
fern von den Wüsten – und was für
ein Leben dort, in diesem Herz,
das so großzügig Liebe und Wärme
verströmt! Es dauerte lange, bis ich
diese Oase erreicht habe,
ermattet und enttäuscht.
Oase der reinsten heilenden
Quellen: meine Chérie.

ON Y VA !

Der Winter und sein Kompagnon
Dunkelheit ziehen sich schon zurück.
Tageslicht setzt sich zunehmend durch,
während die Nacht gibt zögerlich nach.
Aus ihrem Winterschlaf wachen
alte und neue Wege auf und stecken
unsere Füße mit Unruhe an.
Sie haben auf uns gewartet.

Jetzt aber ist es Zeit:

Unser Hab und Gut ist gleich gepackt
und der Fuhrmann wartet schon unten.
Haben wir alles dabei?
Hast du deine roten Handschuhe mit?
Alors...
On y va, Chérie !

Görlitz, im Februar 2018

ANGEKOMMEN

Wir sind angekommen,
Chérie...
Endlich!
Es ist wunderbar hier.
Lüneburg. Norden, Hanse
mit gewichtiger Tradition,
bodenständig und solide.

Altkanzler
Adenauer sagte einmal:
Es ist immer Zeit für
Einen neuen Anfang.
Recht hatte er.
Also:
Wir fangen an...

Lüneburg, im Juni 2018

INHALT

ANDRZEJ SLOMIANOWSKI, geboren 1943 in
Lublin, Polen — Dichter, Schriftsteller,
und Übersetzer, Mitbegründer der Zeit-
schrift *Literatura na swiecie* /*Literatur in der
Welt*, studierte an der Hochschule für Film,
Theater und Fernsehen in Lodz. Er lebt seit
45 Jahren im Westen (England, Dänemark,
Frankreich) und seit 35 Jahren in Deutsch-
land. Seit 2018 ist die Hansestadt Lüneburg
seine Heimat.
Er hat Lyrik von Gertrud Kolmar, Max Herr-
mann-Neisse, Hans Magnus Enzensberger,
Thomas Bernhard u. a. m. ins Polnische
übersetzt. Von Tadeusz Rozewicz hat er Ge-
dichte aus dem Polnischen ins Deutsche
übersetzt. Als Autor und Übersetzer sieht er
sich besonders Sprachen und der europäi-
schen Kultur verpflichtet.
Neben Literatur interessieren ihn Bildende
Kunst und Design besonders. Er hat in Saar-
louis (Saarland) und in Görlitz (Sachsen)
mehrere internationale Kunstprojekte kon-
zipiert und umgesetzt. Z. Zt. agiert als Bot-
schafter der Breslauer Eugeniusz-Geppert
Kunstakademie in Deutschland.